LE TOMBEAV DE
MONSIEVR ROVXEL,
RECVEILLI DE PLV-
SIEVRS DOCTES
PERSONNAGES,

PAR M. IAQVES DE CAHAI-
gnes, Profeſſeur du Roy en Medecine à
l'Vniuerſité de Caen.

A CAEN,
Par Iaques le Bas.

1 5 8 6.

(2)

D. M. I. Q. M.

Bone hospes adsta, et pellege:

Ianus Ruxelius heic oculor, lapis tegomentum:
credin'? at ipsus inquam Ruxelius:
enim Ronsardus iacet, neque mî
per Musas esse licet soperstiti:
Gallicum poetam Latinus sequor vates:
vterque dignus alterius,
mandatis pariter aeuiternae luci poematis:
Viator, si bene tî Musae uolunt,
nostris bene quoque dice Manibus:
Dolce uitam traduxi, letum supero:
Quid vero stupes ad cadauer hocce putidum!
Quin tu surgis ocius, et summa uerba consequeris!
Vt Christum spirans, Christo inspirante,
dixi, locutus sum, docui,
Scilicet fides in me salutis maxuma:
Spes certissima felicitatis:
Quando moribundus aduoco superos,
Spiritum coelo referunt auxsuliareis,
Liberi Solo corpus lacrumabiles inferunt:
Haec te uolui, nescius ñe sies,
pergito.

G. GOSSEL. F.

Mors fera Ruxelium terris inuidit, eúmque
Extinctum ad campos abstulit Elysios.
Ruxelium reuoco superas ad luminis auras,
Et reuoco donis artis Apollineæ.
Ecce meis tristes excita Helicone Camœnæ
Auspiciis, eius nomen ad astra ferunt.
Adde quòd illius diuulgo scripta per orbem,
Credita quæ fidei scripta fûere mea.
Non aliis herbis, aliáue Epidaurius arte,
Defuncto vitam reddidit Hippolyto.

Iac. Cahagnesius.

LACHRYMÆ IAC. CAHA-
gnesij Medici ad Tumulum I. Ruxellij.

OCCIDIT, heu! fatis Ruxellius actus iniquis,
Cùm medium luci & nocti discerneret orbem
Libra, & vtrique pares nuper cùm redderet horas,
Prima soli quondam Cadmæi gloria, doctæ
Gloria prima togæ, vitæque exemplar honestæ.
Occidit, heu! fatis Ruxellius actus iniquis,
Quamuis Musarum purus Phœbiq̃ sacerdos,
Digna daret Musis, Phœbo quoque carmina digna.
Siccine, Phœbe, tuos Vates stygio asseris Orco?
Sic Vatum egregios compensas Musa labores?
Si nil iuris habes, ô Phœbe, in fata, perennem
Cur vitam spondes mendaci Vatibus ore?
Cur, ô Musa, tuos specioso nomine famæ
Semper mansuræ retines & fallis alumnos.
Sed vestræ fuerint si legi obnoxia fata,
Fata illum vobis cur eripuere Poëtam?
Et quisquam in vobis putat vllum Numen inesse?
Et quisquam vestras etiamnum suspicit artes?
Mendax Phœbe vale, paritérque valete Camœnæ,
Vanáque queis faciles retinetis nomina mentes;
Hippocrene, Helicon, Permessis, Pimpla, Aganippe,
Parnassúsque biceps, & gestans Pegasus alas.
Talia me nunquam posthac figmenta mouebunt.
Fallaces à me procul, ô procul ite Camœnæ,

Vestra frequentabo nunquam delubra, nec vllis
Vestrum vnquam sacris dignabor inutile Numen.
In Medica versor (nec forte inglorius) arte,
Illa sibi totum me vendicet, vtilis illa
Cultores opibúsque suos, & honoribus auget.
Quid loquor? iratum quæ me dementia cepit?
Quis furor Aonidum, & Phœbi contemnere Numen?
Agnosco crimen, nullam pro crimine pœnam
Deprecor, irato sed parce, & parce fatenti
Phœbe mihi, veniam mereor. Tu secta renodas
Stamina Parcarum; Tibi summa potentia fatis
Eripuisse tuos, vitæque dedisse priori.
Dum Maris vnda fluet, stabilis dum Terra manebit,
Dum vehet astra Polus, viuent quos Græcia Vates
Ingeniis fæcunda dedit, quos Itala tellus,
Quos tulit Ausoniis, atque æmula Gallia Graiis.
Viuet Ronsardus, viuet Ruxellius, idem
Quos nuper nobis annus penè abstulit, ambos
Doctrina æquales, ambos certare peritos
Versibus hunc Latiis, Patriis sed versibus illum;
Dissimiles tamen & studiis, & moribus ambos:
Abditus hic latuit sine nomine, regia spernens
Munera, securúsque exercuit otia docta,
Diffidens tamen ipse sibi, non ausus in auras
Ingenij monimenta sui proferre: Sed ille
Luce frui gaudens, gaudens popularibus auris,
Aulas Heroum coluit; voluítque placere

Regibus, atque alto generosæ robore mentis
Præditus, ignotas potuit deducere Craiis
Montibus, & Latiis in Gallica rura Camœnas.
Ergo Carminibus Reges, Regúmque Coronæ
Concedant Lauro, calamo quoque sceptra diserto,
Et quæcunque leuis Populus miratur, amátque.
Nescia namque mori sunt Carmina, Carmina possunt
Sola suos Dominos auidis subducere fatis.
Quam nemo effugiet, morti se subtrahet olim
Carmine Porteus, quem nostri gratia Regis
Nunc fouet. Inuita viuet quoque Scæuola morte,
Castalidum studiis, & honesto munere clarus,
Cui sanctum fausto nomen dedit omine Martha.
Uiuet in æternum, mortis Barthassius expers,
Qui grauibus numeris, diuino concitus æstro,
Facta Dei pandit, Cælum, Terrámque, Salúmque.
Ipse quoque Auratus, cæcas qui tramite recto
Speluncas Musarum adiit, tacitósque recessus,
Lampade lustratus Phœbea, viuet in æuum.
Et quibus Aonios cura est conscendere montes,
Et satiare sitim sacri Permessidos vnda,
Æternum hi referent victuro Carmine nomen.
    Hoc à me æternum victuro Carmine nomen
Quæritur, vt mihi sim post vltima fata superstes.
Tu modò me radiis digneris Phœbe canentem
Illustrare tuis, post vltima fata superstes
Ipse mihi fuero. Uotorum hæc summa meorum,

Phœbe faue votis, doctǽ́q̃ fauete Camœnæ.
Iam mihi, iam faciles contexite laurea serta,
Et viridi medicas herbas innectite Lauro.
Scilicet ipse pius Vates, castúsque sacerdos,
Numina vestra colam, vestris & olentia templis
Thura feram, & variis cumulabo altaria donis.

❧ PASTORALE,

SVR LE TOMBEAV DE I. ROVXEL
Orateur & Poëte Latin, & Iurisconsulte excellent.

Larmoyez, ô Forests, ô Forests larmoyez !
Puis qu'ore le trépas de Rouxel vous oyez !
Que rien ne soit aux chams qui cette nouuelle oye,
Qui du pasteur Rouxel le trépas ne larmoye !
Car qui pour l'auenir cette nouuelle orra,
Tousiours de cette perte aux forests larmoira !
    Vous ondes de Sicile, & vous ondes ameres
De Doris, lamentez ces fácheuses miseres :
Vous Nymphes de Mantoüe, allez ores autant
Que vostre grand Tytire, vn Rouxel lamentant.
Et vous Nymphes du Tybre, & vous Nymphe AEgerie,
Criez, Qu'auecques luy vostre Muse est perie.
Et vous Nymphes de Loire, & de Sarte, & du Loir,
Faites vn Ocean de vos larmes plouuoir,
Comme dernierement que vos ondes s'enflerent,
Quand pour vostre Ronsard vos pleurs les augmenterent.
Car l'vn en son Romain est autant fauory

D'Apollon, comme l'autre en François est chery.

    Pleurez Nymphes du Rhin, pleurez la Germanie,
Qui iadis de sa Muse ouistes l'harmonie!

    Vous ô Nymphétes d'Orne, aux riuages Canois,
Faites ouir vos pleurs d'ici iusqu'aux Indois!
Vous nostre cher voisin, pere ancien Neree,
Et vous ô tous les Dieux de la mer azuree,
Lamentez cette mort : par vos bords coquilleux,
Baleines & Dauphins, lamentez auec eux.

    Thetis, Neptune, & vous les cinquante Phorcides,
Plaignez ce dur trépas sur vos riues humides.

    Entonnez, ô Prothee, & vous les beaux Tritons,
Dans vos limas retors vos pitoyables tons:
Vous Glauque & Galathee, Inon & Melicerte,
Larmoyez sur vos bords cette piteuse perte.

    Vous ma chere Fresnaye, en vos bois ombrageux,
Plaignez pareillement ce trépas outrageux.
Que le bel Hiachinthe oyant cette nouuelle,
De son piteux helas redouble la querelle:
Tous les Princes encor, qui sont changez en fleurs
Auecques cette mort meslent aussi leurs pleurs!
La rose de regret rouge se decolore,
Le lis & le pauot triste branchisse encore,
Et qu'ores plein d'angoisse vn châcun arbrisseau,
Face piteusement couler vn grand ruisseau!

    Mon cher Rouxel est mort! ô rapport pitoyable!
Chantez mes vers, chantez ma plainte larmoyable,

D'entendre maintenant aux forests le rapport
D'Echo, qui vous redit, Mon cher Rouxel est mort!
   Oiselets degoisans vos douces chansonnetes,
Souz ces fueillars épais, vos chambres & salætes,
Dites aux riues d'Orne, & lieux circonuoisins,
Estre sec le Laurier des Poëtes Latins:
Et qu'ayant mon Rouxel raui la Parque inique,
Qu'ensemble elle a raui toute Muse Dorique;
Et que rien ne nous reste en ce monde de beau.
Pleurez Muses, pleurez, pleurez sur ce tombeau.

   Sur les eaux de Strimon, & sur nostre Charente,
O Cygnes blanchissans, que sa mort on lamente:
Comme d'vne trompete enuoyez iusqu'au bois,
Par vos longs cols ployans vos lamentables voix!
Et vous Cygnes aussi, ausquels en si grand' cure
Ie donne en mes estangs la douce nourriture,
Faites d'ici sçauoir d'vn clairon argentin
Aux Nymphes, qu'ore est mort leur Poëte Latin,
Et le guide certain de leur bande sçauante.
Pleurez, Muses, pleurez cette mort desplaisante!

   Le grand Rouxel est mort! & quoy noires Forests,
Entendrez-vous sa mort sans vous briser apres?
Les Faunes Cheure-piés, les Naiades mouillees,
De fange pour sa mort ont leurs faces souillees:
Les triomphans lauriers, les humbles tamaris,
Les taillis cheuelus, & les buissons fleuris,
Les pins sifflans aux vents de leurs pointus fueillages,

Les peupliers caquetans sur le bord des riuages,
O Forests, ont pleuré ce pleurable trépas!
Et pourquoy donc, Forests, ne pleurerez-vous pas?
   Quels monts tant élongnez, quels inconnus bocages,
Quels ruisseaux murmurans, & quels autres sauuages,
Muses, vous detenoyent, quand de son fer cruel,
La Parque vint couper le filet de Rouxel?
Fut-ce le mont de Pinde, ou le mont Parnasside,
Ou les coulans ruisseaux de l'onde Aganipide?
Car lors vous n'estiés pas, Muses, en ces cartiers,
Vous l'eussiés de la mort garanti volontiers.
   Tytire Mantouan, & Thirsis de Sicile,
Et mille autres pasteurs vindrent tous à la file,
Sçauoir qui le tenoit. Toutes les Deïtez
Et des bois, & des eaux, venoyent de tous costez
Demander auec Pan, Pan le Dieu d'Arcadie,
D'où te vient maintenant, Rouxel, ta maladie?
Tu ne dois point mourir! & si mourir tu dois,
Ie rompray, disoit-il, ma flute & mon haubois,
Et l'enche & le bourdon de cette chalemie,
Que ie fis des roseaux de Syringue m'amie.
   Apollon, & Mercure, & Ceres, & Themis,
Qui les Vers, l'Eloquence,& les Loix auoyent mis
En vn si beau vaisseau, aussi là se trouuerent,
Et quel mal il auoit à Rouxel demanderent:
Helas! ce disoyent-ils, qu'as-tu cher Pastoureau!
Pleurez, Muses, pleurez, pleurez sur ce tombeau!

I

Rouxel ne fut si tost frappé de maladie,
Que Bergiers, que Cheuriers, que Bouuiers à l'enuie,
Les vns au viste pas, les autres au pas lent,
Ne vinssent pour sçauoir d'où ce mal violent
Luy estoit procedé : & chascun d'eux demande,
D'où luy pouuoit venir vne fieure si grande.
Cahaignes le premier, qui dans les prez herbus,
Et dans les bois est pris pour vn autre Phœbus:
Car comme il a des vers l'entiere connoissance,
Aussi sçait-il au vray des herbes la puissance.
Puis Morin le berger, qui aime quelque fois
Plus le plaisir des vers, que le profit des loix:
Et le docte Fanu, qui la Muse Gregeoise,
Et la Romaine mesle auecques la Françoise.
    Apres du vau-de-Vire, & des mons de Belon,
Vindrent les Cheualiers, vrais enfans d'Apollon,
Qui nous font derechef ore ouïr des nouuelles
D'Oliuier Basselin, en mille chansons belles.
Papillon, & Hermier viennent d'vne autre part,
Racueillir Gondouyn, qui se cache à l'écart,
Pour couurir son ennuy : & quasi hors d'aleine
Arriue Dallechams, qui son Michel ameine.
Tous disent à Rouxel, S'il ne pend qu'à mourir,
Pour te pouuoir, Pasteur, de la mort secourir,
Nous mourrons tous pour toy, forçant la destinee,
Eust-elle de tes ans la course terminee.
    Rouxel constant répond, O mes chers compagnons,

De Parnaſſe l'honneur, des Muſes les mignons!
Mes compagnons, qui ſeuls en ces bois ſolitaires,
Sçaue$z$, par bien chanter, vaincre toutes miſeres:
Forcer ne ſe peut pas de Dieu le fort Deſtin:
Ne me regrettez point : bienheureuſe eſt ma fin!
Mais, las! vous chanterés ma mort en allegreſſe:
De mes iours bienheureux la plus grande lieſſe:
Vous chanterés ma mort : & toy par deſſus tous,
Cahaignes, dont le chant m'eſt ſi plaiſant & doux,
Vif tu me tireras hors de la ſepulture,
En prenant de mes vers la tutelle & la cure.
O que mon ame alors ioyeuſe aux Cieux ſera,
Quand voſtre flageolet mon trépas chantera!
O qu'aiſe ie ſeray aux beaux chams Eliſees,
Oyant que mes chanſons de vous ſeront priſees!
Helas, que mollement mes os repoſeront,
Quand vos flutes ma mort, ô Paſteurs, chanteront!
Mon ame à bonne cauſe auſſi ſera contente:
Car les plus grans n'ont pas vne ſi belle attente
Pour toutes leurs grandeurs : le ſomptueux auoir   „
N'apporte le renom qu'apporte le ſçauoir.   „
Ainſi diſoit Rouxel d'vne face conſtante.
Pleure$z$, Muſes, pleurez cette mort déplaiſante!
          Helas! donc pour neant par les belles ſaiſons,
Rouxel vous hebergeoit en ſes poures maiſons!
Helas! Muſes, pourquoy, pourquoy toutes-puiſſantes,
Ne l'auez-vous tiré des griffes rauiſſantes

De la Parque inhumaine? à tout le moins pourquoy
N'estes-vous à sa mort à plaindre auecques moy?
Que luy seruit sa lyre? & quoy, se peut-il faire,
Que le Ciel maintenant aux doctes soit contraire?
O doctes compagnons, il faut à l'auenir
Penser que nous pourrons aux forests deuenir!
Pan n'a plus de pouuoir : cette mort lamentable,
Ore croire me fait, que ce n'est qu'vne fable
De Syringue & de luy! & que ses chalumeaux
Ne sont point immortels les doctes pastoureaux!
Puis mesme que le Ciel laisse la Terre en friche,
Rauit les beaux esprits, s'en orne & s'en fait riche!
  Ciel, vous estes cruel! Que tout dorenauant
Aille d'autre façon, son contraire suiuant:
Que le loup couard fuye aux brebis enhardies:
Que nos grand's forests soyent d'orenges embellies:
Que nos arbres fruitiers portent l'anis, le tin,
Le narcis, l'amaranthe, & le vert iassemin.
Et qu'ores les genests le pur baume degoutent:
Et les hibous au cygne à debatre se boutent:
Tytire soit Orphee, Orphee en ses forests,
Et qu'entre les dauphins soit Arion apres,
Puis que le Ciel d'ici le meilleur nous emporte:
Chantez mes vers, chantez en pitoyable sorte,
Qu'heureux est l'enfançon qui meurt dés le berceau.
Pleurez Muses, pleurez, pleurez sur ce tombeau!
  Lamentez mon Rouxel, raui des Destinees,

N'estant qu'au demi cours du cours de ses annees.
Aux Nymphes les ruisseaux, les bois tesmoins estoyent,
Que leur bon Rouxel mort les Nymphes regrettoyent:
Et leur bon Rouxel mort les Syluans larmoyerent,
Car les autres parlans apres le tesmoignerent.
La Nymphe Echo rechante aux accents de leurs pleurs,
Et ne veut plus répondre à nous autres pasteurs,
Pource qu'elle n'oit plus sa parole elegante.
Pleurez, Muses, pleurez ceste mort desplaisante!
        Une fille embrassant le pitoyable corps
De son aimé Rouxel, elle appelloit alors
Le Ciel, les Dieux cruels, l'auenture cruelle,
Et tout ce qui s'offroit, estoit cruel pres d'elle.
Les moutons de Rouxel, ni bœuf de son troupeau,
Ne repeut tout ce iour, ni n'approcha de l'eau:
Et nul de nos troupeaux aux ruisseaux ne gousterent,
Ni nos cheures ce iour aux haliers ne brouterent:
Les monts les plus deserts, & les forests parloyent,
Que cruelle ta mort les lions appelloyent,
O Rouxel, & qu'aussi les tigres & les ours,
Pleurans ta mort vouloyent venir à ton secours.
Pleust à Dieu que iamais ne m'eust esté conneuë
Ta vertu, mais sans plus ta face que de veuë!
Ou bien t'auoir conneu seulement par tes vers,
Ainsi que te connoist, cher Ami, l'vniuers:
Las, ie n'auroy' regret à ta vertu parfaite!
Poëte seulement ie plaindrois vn Poëte;

Non comme Hercule plaint Hylas le iouuenceau.
Pleurez, Muses, pleurez, pleurez sur ce tombeau!
  Car, las! qui pensez-vous qui vos flutes encire,
Ni qui vos chalumeaux d'auoine face dire?
Qui sera si hardi de vouloir emboucher
Ses flutes, que Pan mesme à peine ose toucher?
Et qui dorenauant de mainte chansonnete,
Au beau riuage d'Orne enflera la Musete?
Qui plus fera quitter aux Princes & aux Rois,
Le fanfare guerrier, pour le son du haubois?
Certes telle douceur ses flutes souspirerent,
Que sur tous l'Alemagne, & France l'admirerent.
Le berger Aleman de ses chants estonné,
A mille fois ses bœufs par honneur couronné,
Raui d'ouir les tons de sa flute parlante.
Pleurez, Muses, pleurez cette mort déplaisante!
  Que le berger passant vienne ici s'arrester,
Et de pres, larmoyant, ce tombeau visiter:
Où l'on void à l'entour maintes douces Nymphetes,
Comme images muets estre toutes muettes,
Transissant' de douleur, comme si leur parolle
Dépendoit du flageol, dont sur la riue molle
D'Orne il souloit iouër : aussi tel il estoit,
Que le bon flageolet dont Pan iadis flutoit.
A Rouxel déplaisoyent les oiseuses bergeres,
Les bergers croupissans oiseux sur les fougeres:
Cependant, disoit-il, que vos camus troupeaux

Remaschent les tendrons des ieunes arbriſſeaux,
Aſſis entremeſlez de ionc vne faiſcelle,
Ou d'oſier replié quelque cagete belle :
Ou chantez de beaux chants ſur l'herbe quelquefois:
,, Nous ne chantons aux ſourds : tout répondent les bois.
Ainſi Rouxel, helas, excitoit la ieuneſſe!
Chantez mes vers, chantez, chantez voſtre triſteſſe!
Et triſtes apprenez vos chants à mon troupeau.
Pleurez, Muſes, pleurez, pleurez ſur ce tombeau!
,, Las! on void & les fleurs, & l'herbe, & cháque plante,
,, Soit la roſe, ou l'œillet, ou le bel amaranthe,
,, Meſme les arbres hauts, en l'Hyuer froidureux
,, Demeurer effueillez ſans mourir douloureux:
,, Car au Printems ſuiuant epais ils reuerdiſſent,
,, Ils renfueillent leur chef, s'eſleuent & grandiſſent:
,, Mais depuis que le Ciel deſeicher l'homme veut,
,, La pluye, ou la roſee, ou le Soleil ne peut
,, Faire en luy reuerdir l'écorce naturelle,
,, Qui durant le Printems au bois ſe renouuelle.
,, Car le Soleil hátif, qui fuit ſoir & matin,
,, Nous dérobe nos ans auecques le deſtin:
,, Et quant à luy touſiours, c'eſt ſa façon de faire,
,, Que conduire ſon coche en ſon cours ordinaire,
,, Sans tourner contremont : ains ſon tour eſtant fait,
,, Par le meſme chemin, ſon tour meſme il refait.
,, Et nos ans cependant s'écoulent comme l'eau:
,, Tandis l'homme en diſcours ſe gaſte le cerueau:

,, *Muses, voſtre neufaine encore le brouillaſſe,*
,, *De la ſource au cheual, de Pinde & de Parnaſſe.*
,, *Apollon d'autre part, les Nymphes & les ieux,*
,, *Luy bruſlent l'eſtomac de mille & mille feux:*
,, *Soit aux bois, ſoit aux chams, declinant il endure*
,, *Le ſalaire du mal qu'apporte la Nature,*
,, *Et perit à la fin. Si les bons ne mouroyent,*
Tes ſemblables, Rouxel, d'ici ne partiroyent.
Mais tous il faut mourir. Puis qu'il faut que l'on meure,
Chantons noſtre Rouxel bienheureux à ceſt' heure.

Il n'eſt plus en danger de ſe voir appipé
Des Sirenes du monde: & de ſe voir trompé
D'vne Circe enchanteuſe: helas! ni voir encore
Le feu ſeditieux qui nos foreſts deuore.
D'vn ſeiour malheureux il eſt parti, pour eſtre
Auecques le grand Pan, de toutes choſes maître:
Il eſt ores aux lieux, où les heureux eſprits
Admirent la beauté des celeſtes pourpris:
Il void deſſous ſes piés les eſtoilles luiſantes,
La Lune, le Soleil, & les nues branlantes:
O bienheureux Rouxel, qui maintenant en paix,
Te pourmenes aux lieux où l'on vit à iamais!
Puis que tu vois de Dieu l'eternelle demeure,
Nous te chantons, Rouxel, bienheureux à ceſt' heure.

Touſiours à l'auenir en tout ébatement
Nous paſſerons ce iour aux bois ioyeuſement:
Syluan & les Paſteurs, & les Driades blondes,

Iouant

Iront iouant auſſi dans les foreſts profondes:
Qu'on ne tende en ce iour au bois nul rét trompeur,
Pour ſurprendre au paſſer les cerfs aillez de peur:
Aux haliers épineux le loup tapy demeure:
Chantons noſtre Rouxel bienheureux à ceſt' heure.

 Que par tout nos troupeaux ſeurement gambadans,
Aillent ce iour treſſaint comme feſte gardans:
Et que ce iour ici les douces paſtourelles
Paſſent en allegreſſe & danſes ſolennelles.
Car en ce iour Rouxel aime l'oiſiueté:
Que ce iour des paſteurs ſoit à iamais feſté:
Car Rouxel ne veut plus, ô Muſes, qu'on le pleure!
Chantons noſtre Rouxel bienheureux à ceſt' heure.

 Qu'on chommé ce beau iour, & qu'on prene plaiſir,
A chanter mille vers en ce plaiſant loiſir:
Qu'on prene mille ébats; afin que memorable
Aux bergers à venir il ſoit touſiours chommable.
Rouxel le meritoit ; ſi c'eſt bien meriter,
Qu'entre les vices grans, les vertus ne quiter:
Il nous oit, il nous void, il n'a plus ſourde ouye,
Et ſon corps ne rend plus la lumiere éblouye:
Il void la verité des choſes clairement;
Sans nuage, ſans maſque, & ſans déguiſement:
Sa raiſon n'erre plus, elle eſt certaine & ſeure.
Chantons noſtre Rouxel bienheureux à ceſt' heure.

 Chantez, Muſes, chantez, mon Rouxel bienheureux,
D'eſtre hors des appaſts du monde douloureux.

K

Au rebat de nos voix les bois qui retentissent,
Maintenant iusqu'aux cieux nostre Rouxel benissent:
Et du long de leurs bords ces gazouillans ruisseaux
Font or', Rouxel, Rouxel, murmurer à leurs eaux:
Autant en font les vents de leurs soefues haleines;
Et vont portant ce nom aux regions hautaines,
Où vit nostre Rouxel plein de biens plantureux.
Chantez, Muses, chantez son trépas bienheureux.

Mais nous, nous apprendrons, en peines coustumieres,
Aux Neueux ses vertus, & ses mœurs singulieres.
Car tant que les bergers aimeront en Esté
L'ombre frais des ormeaux d'vn Zephire éuenté,
Et tandis que les cerfs, dans les forests aimees,
Iront au viandis aux coudreuses ramees,
Et tant que les pasteurs les Nymphes aimeront,
Son honneur, ses vertus tousiours se chanteront:
Et seront ses chansons aux forests eternelles,
Tandis qu'on parlera des Muses immortelles.

I. Vauquelin, de la Fresnaye.

DIVES & Oceano, & diues Normania pomis,
　Fœta viris, quorum Martia corda calent,
Hunc etiam meruit titulum, quod & æmula Graiis,
　AEmula & Ausoniis protulit ingenia.
Vtq́ alios taceam, nuper quoque laude vigebas
　Ruxeli, Aonij maxima fama chori.
Nec melior quisquam, tenui seu ludere plectro

Esset opus, grandi seu resonare tuba.
O quoties pater admirans tua carmina Nereus
    Exeruit glaucum sub vada salsa caput!
O quoties moti vicino è gurgite pisces
    Certatim ad numeros exiliere tuos!
Non tamen idcirco tibi Mors iniusta pepercit
    Sed sacrum Stygio mersit in amne caput.
Quid facias? nullum horrendo non destinat Orco
    Siue sit ille pius, siue sit ille nocens.
Verum adeò si quid vatum mysteria possunt,
    Nec perit Aonidum munere partus honos,
Non omnis moriere, tui pars optima Lethum
    Nesciet, atque obita morte superstes erit.
Aspice, iam tumuli tibi rarum instaurat honorem,
    Pierios colleis quisquis & antra colit.
Ipse ego qui fama te solùm & nomine noram
    Præpete quod penna peruolat ora virûm,
Has tibi & inferias, & iusta nouissima soluo,
    Absentémque absens ad pia busta voco.
Tu, siue Elysiós lustras nouus incola campos,
    Seu notum inuisis iam leuis vmbra larem,
Huc ades ô, nostrásque audi læta aure querelas,
    Et vatis vates accipe dona tui.
Sic forsan mollis properata in morte Tibulli
    Naso tener querulos fuderat ore sonos.

Scæuola Sammarthanus,
Quæstor Franciæ.

SVR LA MORT DE MONSIEVR
DE BRETHEVILLE ROVXEL.

Sonet I.

Tandis, docte Rouxel, que d'vne belle vie,
  Mais trop courte, tu as nostre siecle honoré,
  Tu as d'vn vers coulant, graue & elabouré
  Remis en sa splendeur la Muse d'Ausonie :
Si que par la douceur & par la grace vnie
  A l'inuention riche en ton Poëme doré,
  Tu es non seulement aux meilleurs comparé
  Des Poëtes Latins, ains leur gloire as ternie.
Mais apres que la mort t'a d'vn enuieux trait
  Raui de nostre iour, à l'extreme regret
  Et perte de la France, ô excellent Poëte,
La Muse Ausonienne à perdu le bon-heur,
  Qui l'auoit restablie en son premier honneur,
  Dont la perte, esploree, elle plaint & regrette.

I I.

Donques la Parque, helas! a, trop cruelle, estaint
  Le docte Iean Rouxel, où se voyoyent reuiure
  Vn Tibulle, vn Properce, & celuy, que son liure
  Fit bannir où le gel tousiours la terre estraint.
Par quels vers pourroit-il de nous estre assez plaint?
  De nous, dont n'est le vers digne d'estre en vn cuyure
  Graué, comme le sien, par qui son nom deliure
  De l'outrageux oubli, l'eau de Lethe ne craint.
Or ne pouuoir la mort de ce Poëte insigne

Regretter par vn vers de sa gloire assez digne,
Ce nous est vn regret, qui double nostre ennuy.
Mais comme aucun n'eust peu à sa louange attaindre,
Que luy, durant sa vie, ainsi autre que luy
Ne peut, apres sa mort, sa mort dignement plaindre.

III.

Qui est-ce desormais qui chantera le los
De ceux, que la vertu sur les autres decore?
Qui desormais leurs noms fera reuiure encore,
Quand la mort les aura sous la tombe renclos?
Puis que par l'impitié de la fiere Atropos,
Celuy sous le fardeau d'vn froid marbre gist ore,
Qui les souloit chanter, & garder que renclorre
Ne se peussent leurs noms où s'enferment leurs os?
D'vn Poëte si grand mais qui dira la gloire?
Qui ores de son nom sacrera la memoire
A l'immortalité par vn vers assés beau?
Ia, les autres chantant, il s'est chanté luy-mesme,
Et les autres encor vengeant de la mort blesme,
Luy-mesme s'est basti vn eternel tombeau.

R. & A. le Cheualier.

IN OBITVM I. RVXELII, ELOQVEN-
tiæ & Legum professoris Regij.

EPICEDIVM.

RVxelius iacet hîc Cadomensis gloria gentis,
Eloquij Sophiæque professor Regius ; æuo
A tenero meditatus honestas sedulus artes

In varia varias tellure domíque forísque:
Sic vt haberi poſſet Homericus alter Vlyſſes,
In patriam à populis variis accepta reportans:
Hîc vbi vita quieta viro fuit inter amicos,
Ambitione carens, ſtudiíſque addiƈtus, in omne
Ius primùm, ſibi præcipuam quam ſtruxerat artem:
In qua non alius præſtantior eius in æuo.
Ius & ad hoc nimiæ velut aſperitatis acerbum,
Pro condimentis artes addebat amænas,
Iucundum ex hominis nomen quæ nomine ſumunt.
Sed quia doƈtrinam virtus æquabat in illo,
Eleƈtus fuit ille ſua Cadomenſium in vrbe
AEdilis, licet eſſet inambitioſus honorum.
Munere & hoc per tres cum perfunƈtus foret annos,
Summa cum integritate ſua, pietate fidéque:
Antiquos contra mores & gentis & vrbis,
Ex ædilitio eſt ædilis faƈtus in annum
Tertium item rurſus populo rogitante coaƈtus.
Nam vir támque modeſtus erat, tam ſpretor honorum,
Doƈtrinæ vt iuris virtutíſque artis & ergò
Sumere ei, cunƈtis iam ſuffragantibus, vltrò
Noluerit meritis inſignia digna docentum,
Sed cum Rex genti ſua præmia Caodomenſi
Annua conſtituit, qui publicè in vrbe docerent:
Regius humana eſt eleƈtus in arte profeſſor.
Id quod onus dum ſuſtinuit, noƈtéſque diéſque,
Aſſiduè verſans inter ſua pulpita, denſa

Præcinctus latus auditorum vtrinque corona :
Inter opus morbo grauiter correptus acerbo,
Non periit (nec enim pereunt quæ digna perenne
Vita) sed moriens obiit, vel abiuit ad astra :
Hicque beatorum numerum per secla futura
Augebit, meritis dignos sortitus honores.

Hunc tumulū & tumulo superaddita carmina mærens
Nicoleos Michaël posuit, gratæ memorísque
Mentis perpetuum monimentum, non in amicum
Solum, sed præceptorem virtutis & artis.

     I. Auratus Poëta & interpres Regius.

ALLVSION AV TEMS DV DECEZ DE

Monsieur Rouxel : lequel, non moins excellent aux Loix qu'à
la Poësie, deceda le 6. iour de Septembre, 1586. peu auant le
tems que le Soleil, commençant l'Automne, entre au signe de
Libra.

ROVXEL, *qui pour iamais a ses temples couuers*
 Des Lauriers d'Helicon, digne prix de ses Vers,
Ia compagnon des Dieux, tenoit la méme place
Que tient le Dieu Poëte, au plus haut de Parnasse :
Quand Astree, Deesse (éprise de tou-iours
De si digne amoureux) redoublant ses amours,
Et ialouse craignant que l'attrait de la Muse
Ne le gaignât du tout, pratiqua cette ruse.

 Tu vois de quelz moyens, tu vois de quelz honneurs
Apollon agrandit ses plus doctes sonneurs
(Dît-elle) ouure les yeux ; & n'aye plus enuie
De trainer en la poudre vne si basse vie.

Ie t'aime, tu le sçais : & dez tes ieunes ans
Si sage tu auois fait cas de mes presens;
Si Bute tu n'auois dans les eaux d'Hyppocrene
Suiui, pour ton naufrage, vne voix de Syrene :
Et si depuis ce tems tu ne t'étois tenu
A grimper contre vn mont ; où en fin paruenu
Tu n'as pour tout butin qu'vne Plume feconde,
Qui charme de chansons les oreilles du Monde ;
Et te tient cependant (comme premier charmé)
Content du seul honneur de te voir estimé :
Bref, si sans t'amuser à la maigre bouchee
Des repas d'Helicon, tu m'auois recherchee.
N'auoi-ie pas en main les biens, & la grandeur ?!
N'étoit-il pas en moi de te pleuuoir plus d'heur
En vn moment de tems, qu'Hymette ne degoute
De miel pour t'amorcer ?! que Pinde, goute à goute,
Ne coule pour ta soif de cette fumeuse Eau
Dont l'yureuse vapeur te gaigne le cerueau !
Si tu as par les Vers vn charme de paroles :
Qu'auois-tu par les Loix ?! quand dedans mes Escoles
Mille & mille Escoliers accouroÿnt étonnez,
Ains suiuoÿnt (pour mieux dire) à ta langue enchainez !
   Toute-fois, mon ROUXEL, mon mignon, ie ne blame
Tout ce passé refus. C'estoit que ta bonne ame,
Fuyant des bas honneurs l'auare ambition,
Auoit dressé plus haut sa belle affection.
Ie sçay que de tout tems ; élongné du vulgaire ;

Tout

Tout autre que mondain ; rien ne te pouuoit plaire
De ce qu'aime le Monde. Or' vien donc à plaisir
Contenter dans les Cieux ton sur-humain desir.
Voici le iour venu, que si tu me veux suiure,
Ie te peux, loin du Monde, à iamais faire viure.
Méme en cette saison, que tout le long d'vn mois
Ie fai voir aux Humains le Trebuchet des Loix:
Vien heureux & me sui. Ce dit ; elle s'élance :
* ROUXEL se guinde aprez. Et depuis, la Balance*
(Premier Signe qui luise en l'Automne du Ciel)
Reluit, faueur d'Astree, en la main de ROUXEL:
Qui, comme rétabli en son premier office,
Semble nous faire encor' des leçons de Iustice ;
Et qui montant là-haut laissa froid ici bas
Ce pesant Corps terreus, qui ROUXEL n'étoit pas ;
Mais qui pour le respect de si grand personnage,
Serré dans ce Tombeau, de chacun d'âge en âge
Visité, louangé, pieusement ploré,
Ne peut d'assez d'honneurs étre assez honoré.
* Ainsi, à son honneur, ! ainsi, en sa memoire,*
De cette mort non mort i'ay voulu faire histoire ;
Histoire veritable aux Hommes suruiuans:
Et pour riche Epitaphe ay mis les Vers suiuans.

C'EST LE CORPS DE ROVXEL. CE ROVXEL; GRAND PROFETE
AV TEMPLE D'APOLLON, ET DIVIN INTERPRETE
AVX ESCOLES D'ASTREE; A ESTE AVTRE-FOIS
ORACLE VENERABLE, ET DES VERS, ET DES LOIX.
SES POEMES FONT FOY DE SA MVSE SACREE,
ET VOIT-ON DANS LE CIEL COMBIEN L'AIMOIT ASTREE.

P. Gondouin, de Caen.

L

ELEGIA.

Hîc iacet exigua clausus Ruxellius vrna,
   Exigua, heu, quantas vrna recondit opes!
Oceano placidas vbi molliter exerit vndas,
   Cadmæum lambens Neuster Olæna solum,
Hîc habuit vitæ rudimenta, parentibus ortus,
   Quos celebres probitas reddidit, atque fides.
Aoniis excepit vixdum de Matre cadentem,
   Exceptum docto fouit amica sinu.
Hinc cecinit vates dignissima carmina, melle
   Dulcior hinc eius fluxit ab ore lepos.
Dotibus ingenij tantis cum præditus esset,
   Debuerat vita longius ille frui.
Sed tantos terris mala Parca inuidit honores,
   Tam rarum voluit nec superesse virum.
Ecce ruens, & adhuc Ronsardi cæde cruenta,
   Accumulat funus funere Parca nouo.
Nunc tuà præstantem, Ruxeli, amplectitur Vmbra
   Vmbram Ronsardi, nec minor Vmbra tua est.
Hîc arent Laurus, nullas hîc prolicit vndas
   Pegasus, & nullo gramine Cyrrha viret.
Ite Animæ illustres, consortia iungite lethi,
   Quas rapuit similes annus, & omen idem.
Nec tamen ô cælo nunc addita Numina, vestris
   Spernite quas facimus Manibus inferias.

Rob. Morinus Scageleius, Cadomesi.

IN OBITVM I. RVXELLII
PATRVI SVI.

ERGO es, Ruxelli, doctis nunc additus Vmbris?
    Elysiúmque colis, non leuis Vmbra, nemus?
At nondum nimis heu crudelis Parca, secare
    Debuerat vitæ candida fila tuæ.
Verùm, Ruxelli vatum decus, hoc tibi mortis
    Nondum maturæ dulce leuamen erit.
Quòd te sublatum terris, te luce carentem
    Lugemus variis nos, pia turba, modis.
Nempe à morte tuis reuocata Academia scriptis,
    Deplorat mortem nunc rediuiua tuam.

Gul. Ruxellius, Cadomeñ.

HEV Ruxellius occidit! dolete,
    Et veris lachrymis dolete Musæ:
Mœstis plangite versibus Poëtam,
Vestri delicias decúsque montis,
Nostri delicias decúsque sæcli.
Sed sic plangite nobilem Poëtam,
Totus Gallicus orbis vt resciscat,
Ereptum Latij patrem leporis,
Nobiscum & doleat graui dolore,
Ac si Virgiliúmque, Tulliúmque,
(Namque horum genios habebat vnus)
Nostris temporibus simul renatos,
Fatis cedere denuò videret.

L ij

Sed sic plangite nobilem Poëtam,
Vt quotquot populos iuuant Camœna,
Tot iuuet populos pie dolere,
Et desyderio illius moueri.

Steph. Fanutius, Cadom.

LE grãd ROVXEL est mort, tout Parnas est en dueil,
Le saint chœur des neuf Seurs pleure autour du sercueil,
Chacune le gemit de vois entre-coupee,
Et toute d'eau larmeuse au visage trempee,
Arrachant ses cheueus auec griefue douleur,
Crie qu'elle a perdu son Tout, sa chere fleur,
La gloire d'Helicon, & l'honneur des Poëtes:
Qu'elles à l'auenir, ou deuiendront muettes,
Ou que tant seulement il leur faudra chanter
(Las que di-ie chanter, mais plustost lamenter)
Aiant de triste noir la teste recouuerte,
Le grand ROVXEL est mort, Aonie est deserte.
        Helas qui l'eust pensé, Phœbus mesme ialous
D'vn Poëte si grand, & qui chantoit si dous,
Non content de l'auoir presque priué d'ouïe,
Et de veuë, ô cruel, lui a raui la vie,
Empruntant, outrageux, le cizeau trenche-fil
D'Atrope, afin de rompre le filet tant subtil,
Que celui de sa langue en parler si exquise,
Et celui de sa vie à si bien faire apprise.
Il l'a donc rendu sourd, muet, aueugle, mort.

Mais outré de regret qu'il ait fait si grand tort
Au troupeau desolé des Seurs, voire à lui mesme,
Il meurt se repentant d'vn creuecœur extreme :
Et rompant de son luth la belle coque d'or,
Se depite, se bat d'auoir vn tel tresor
Volé à l'Vniuers, criant à gorge ouuerte,
Le grand ROVXEL est mort, Aonie est deserte.

Miserable Apollon, & vous, Seurs, qui portez
Vne douleur si grande, hé que vous regrettez
Vn tel homme à bon droit. Car, lui mourant, sont mortes
Pithon la dous-parlante, & les Graces acortes:
Et sont morts derechef Pindare, Homere, Orfé,
Virgile, Ouide, Horace au vers riche-etofé,
Martial, Claudian, voire le dous Tibulle,
Et le sauant Properce, & le mignard Catulle,
Et ceus dont vous souliez iadis estre hantez,
Qui tous ensemble estoient en lui resuscitez:
Il n'est plus nulle Muse à bien chanter experte.
Le grand ROVXEL est mort, Aonie est deserte.

Il a tout emporté ce qui estoit de beau,
De precieus, de rare au poëtic coupeau,
Lon n'i montera plus, il a tiré l'echelle,
Il n'i faut plus chercher aucune fleur nouuelle,
Il n'a rien aus glaneurs apres luy delaissé,
Tout est dans son tombeau sous la terre pressé.
Hippocréne est à sec, il n'i a plus que boire,
A puiser sa belle eau lon n'aura plus de gloire.

Aussi lon n'ira plus sur Permesse dormir
Pour deuenir Poëte, on n'i fait que gemir,
Ses Lauriers éfueillez n'ont plus la teste verte,
Le grand ROUXEL est mort, Aonie est deserte.

  Hé que i'ai grand dépit qu'il faille tous les ans
Voir reuerdir le Hous, le Genest, & les Ians,
Voire les petitz chefs des plus petites herbes
Au retour des Printens refleurir si superbes,
Et que nous, orgueilleus, des que nous sommes nés
Perdons verdeur & vie ainsi que prés fanés,
Rentrons dedans la terre, & couuertz de poussiere
Allons enseuclis pourrir dans vne biere,
Ah! côme toy, ROUXEL, ROUXEL qui meritois
Viure autant qu'vn Nestor, voire plus mille fois,
ROUXEL, qui maintenant enclos dans vn noir antre,
O triste souuenir, ne seras plus le chantre,
Et le grand artisan de beaus vers estimés,
Vers dignes d'Apollon, vers que i'ai tant aimés;
Helas ie peus bien dire en pleurant telle perte,
Le grand ROUXEL est mort, Aonie est deserte.

  Triste ville de Caen, ton flambeau s'est estaint.
Vne mortelle Bize a son beau lustre attaint,
Ton Phœbus est couché sans espoir de reluire:
Et ton Orne au dous flot, qui si dous souloit bruire
Au dous air de ses vers, n'orra plus les dous sons
(Car il n'en dira plus) de ses douces chansons.
Hé qui osera plus ouurir la bouche, & faire

Apres vn tel sonneur resonner sa vois claire?
Hé qui se vantera d'epuiser comme lui
Ton entiere Hippocrene, & se dire l'apui,
Le chef, le pere vnique, & le roi de tes Muses?
Caennois ornez de grace & de vertus infuses,
Vous, di-ie, qui iadis l'auez tous honoré,
Confessez que sa lire au son tant admiré
Est rompue, & sous terre aueque lui couuerte.
Le grand ROUXEL est mort, Aonie est deserte.
   VAUQUELIN, qui des Sœurs as toutes les amours,
DES IFS, à qui refuge elles ont tous les iours,
Vous le pleurez sans fin. Et toi, docte CAHAIGNES,
Tes yeus, ie le sçai bien, d'vn pleur amer tu baignes.
GOSSELIN qui Parnas a souuent en souci,
LE FANV, GONDOVIN n'en font pas moins aussi.
Chacun le va pleurant. Moy, Brouaut, ie le pleure
Et repleure, & repleure, & repleure à toute heure,
En me resouuenant d'auoir esté tenu
Pour ami d'vn tel homme, & de l'auoir connu.
Donque, bien qu'estranger, auec vous ie soupire,
Et lui paie ces vers facheus mesme à escrire,
En versant sur sa tombe & des fleurs & des pleurs,
Afin que ie l'honore en plaignant mes malheurs,
Et die à haute vois, combien que peu diserte,
Le grand ROUXEL est mort, Aonie est deserte.
   Mais d'où vient, chers amis, que nous le soupirons
Les yeus baissez en terre, & le redesirons

Regrettans que la Mort ait rompu la cloture,
Et prison de son cors? voire qu'à la Nature
Aiant sa fois rendu le tribut ordonné,
Son esprit soit au ciel son païs retourné?
Ce haut-volant esprit, par ses vertus isnelles,
Pour reuoir du grand Dieu les chambres eternelles,
A loin outre-monté du trop bas Vniuers
Les murs large-flambans par son beau vol ouuers.
Il a laissé ici de sa doctrine sainte,
Vne marque, & memoire au cœur de tous emprainte,
Obligeant vn chacun de prier desormais
Qu'il luise astreus sur nous. Toutefois pour iamais,
Bien qu'il ait dans les cieus la vie recouuerte,
Le grand ROVXEL est mort, Aonie est deserte.

QVICONQVE sois, passant par ce grand temple ici,
   Regarde vn monument excellent que voici.
   La douleur & douceur de toute cette ville,
   Et le pleur & la fleur de la troupe gentile,
   Agoustant les bons vers de son gracieus sel,
   Ah! sont toutes ici au tombeau de ROVXEL.

Musarum decus hic situs est RVXELLIVS. vltra
   Quid quæris? lugens inde, viator, abi.
                                      I. BROVAVT.

AVX

AVX OMBRES DE MON-
SIEVR ROVXEL.

Sonet.

*D*V rayonnant *Phœbus* la clarté n'est estainte,
Pour estre apres son cours au *Tombeau* deualé
De l'ennuieuse *Nuict* : L'escadron estalé
Dens le bleu champ des *Cieux* en a la teste ceinte.
Diane en fait son *Arc* : puis de rayons enceinte
Enfante vn petit iour : le *Messager* ællé
Et les flambeaux tirez en vn *Char* atelé
Sans luy n'ont rien au front qu'vne lumiere feinte.
Et si tout lumineux de sa *Tombe* il ressort
Apres vn court seiour : *Rouxel* donc est-il mort,
Qui pour beau se leuer plein de rayons se couche?
Qui fait croistre en honneur son *Caen* par ses escris,
Et viure par son art les arts & maints espris,
Qui sans luy comme morts languiroyent en leur couche?

Nicolas Papillon, de Rouen.

*C*Ernere te viuum mihi si licuisset, & oris
    Nectareas voces aure bibisse tui,
Carmina quæ cineri mando, tumulóque sepulti,
    Mandassem viuo, magne Poëta, tibi:
Quid loquor? illa tuæ victrix facundia linguæ,
    Auribus intonuit, sæpe tonátque meis.
Nam tua victuris concredita verba papyris,
    Paruula nostra domi bibliotheca capit.

M

Quæ quoties manibus tracto quotiésque reuoluo,
   Osculor, ingenium deuenerórque tuum.
Sic licet absentem, sic & te lumine cassum
   Qua licet & possum relligione colo.

Georg. Crittonius.

IN OBITVM IANI RVXELII, V. C.
summi Iurisconsulti, Poëtæ, Oratoris, ac Philosophi, Lamentum Heroïcum Spondaïcum.

SPES fallaces! ô nequicquam importuni
Humanæ cursus vitæ! Dum vestigamus
Abstrusas rerum causas, Cælum, Amphitrite,
Quid sit, quid moles immanis fundamenti
Iunonis librata auris; irritamentum
ÆErumnarum; æui flos paulatim immarcessit,
Inclinatúrque ætas, & mors immatura
Festinat, speratumá aufert lætamentum.
   Quid te, Ruxeli, iuuit nil ignorasse
Totá & tantarum rerum, tamá occultarum?
Quid ius scrutatum esse augustum Mauortæ
Gentis? quid contorquentem voce Arpinatem?
Conuulsis fulmen Rostris, tempestatésque;
Vatisúe exæquasse Andini maiestatem?
   Idcircò verò extinctum, exangue, immutatum es
Summano corpus, noctésque exhorrescendas,
Vmbrarumá inter Manes in consuetarum.
   Sic vestros Vates, Cyrrhæa, conseruatis

Diuæ? sic tu, quem princeps fastigatarum
Cynthus petrarum formidat? Tu extirpare
Membrorum edoctus causas prauè affectorum,
Tu vel defunctos inuentis instaurare
Herbis· tu Augur, tu Grynæus, Tymbræúsque·
Tu Pindi, tu Parnaßi, vndarumq́, antrorumq́,
Et lucorum regnator latè horrendorum·
Infandum! & Vati vitales nesciuisti
Produxisse auras? & quem nunc implorabunt,
Qui te infelices ingratum consectantur?
Sed quis tam infelix te ingratum vt consectetur,
Hunc si morborum occumbentemq́ incrementis
Lethíque infractum telis haud persanasti?
Hæc exanthlatis Laurus compensabatur
Tot Vati ærumnis? quem nox non reclinauit,
Non lux; non horror, non ardor; se immortalem
Vt conseruaret; si tu æquè hunc conseruasses.
    Nunc verò hastili traiectum indeuitato
Pectus, Dirarum ad fluctus imperiuratos
Rectoris, nexu arctaris non dissoluendo,
Ruxeli, Soles non visure impermissos,
Quos proles nobis dat Saturni illucere.
Nos Planctus, singultúsque vrgent· suspirando
Ingratas luces ingratis commutamus
Vmbris, & solamenti spe sustentamur
Nulla maioris, quam si desæuitura
Vis fati victrix nos tecum deturbarit.

Hanc ergò sortem dum pullati expectamus,
Dum turpi squallore indignè deformati;
Sis felix; nostríque haud vnquam obliuiscaris
Sublatus, semper quem viuus dilexisti,
Quemá̧ ipse informasti hæc ad Vatum incentiua,
Et qui felici argumento decantandum
Te olim sumpsisset; forsan non infacundè;
Spes ad lamentum si mors non depressisset.

Nicolaüs Micaël.

❧ In eiusdem Anagramma.

IANVS RVXELIVS.

Lux es vna viris.

VNA VIRIS LVX ES, Ruxeli Iane, superstes,
  Quæ vetet expertes luminis ire vias.
Te per, inoffensum iustus perrexerit æuum,
  Rexerit errores impius indè suos.
In te doctus habet quo doctior esse laboret,
  In doctum euadat, si velit, vnde rudis.
Denique; nam superas numerum virtutibus omnem;
  Te duce, quod semper quisque sequatur, habet.
Non igitur, Tumuli vt corpus sub mole tenetur,
  Sic lux est animi clara sepulta tui.
Sed modò corporea, nunc primùm, nube soluta,
  Exerit hæc vires multiplicatá̧ suas.
Iamá̧ renascenti maior tibi lucis origo
  Surgit ab occasu splendidiórque tuo.

Illa immortali, ceu sit rediuiua, decore
   Fulget, Tartareum non subitura Chaos.
Illa oculos animósque hominum lustrabit, & orbem
   Luminis implebit nobilitate sui.
Sic tu paucorum contentus luce virorum
   Qui fueras, cunctis LUX ERIS UNA UIRIS.

Nicol. Micaël.

❧ Aliud eiusdem Anagramma.

IOHANNES RVXELLIVS.

Lux vna Heliconis es.

Aliud.

IOANNES RVXELIVS.

Venias lux oriens.

Uæ te, Ruxelli, stygiis victum obruit vndis
   Mors fera, nunc Phœbi Numine victa iacet.
Namque tibi Phœbus reuocato ad luminis auras,
   Esse dedit sydus, luce Helicona replens.
Et dedit ille tibi Numen nascentibus esse
   Uatibus, & Musas irradiare nouas.
Hinc ES, Ruxelli, LVX VNA HELICONIS, apertũ
   Quæ recto ad Musas tramite monstrat iter.
Iam VENIAS ô LVX ORIENS, faueásque Poëtis
   Conantur laudes qui celebrare tuas.

Ioan. Corderius.

LES *Muses, de Rouxel alaitterent l'enfance :*
Phebus, pour bien chanter, luy façonna la voix :
Mercure l'enseigna, & aux arts & aux loix,
Et la chaste Pallas, luy donna sa prudence.
Mais vne ialousie entre ces Dieux s'auance,
Chacun veut tout Rouxel ; Iuppiter maintesfois,
Sans que l'vn en ceci, plus que l'autre eust de chois,
Voulut qu'egal entre eux l'honneur fust en balance :
Marri de leur refus, il le met en trois parts :
Il prend l'Esprit pour soy : son renom & ses arts
Il donne à l'vniuers : son Caen le corps reserue :
Vn pleur pour ses amis sourd eternellement.
A quoy auecques eux ont part egalemęt
Les Muses, Apollon, & Mercure, & Minerue.

François Viger, de Rouen.

BIEN *que par fois le blond Soleil,*
Cache son beau front de nostre œil
Derriere sa Sœur, qui s'oppose
Entre nous & ses beaux rayons,
Si est-ce que nous ne croyons,
Qu'à son iour la porte soit close.
Il priue bien de sa clarté
Nostre œil, non son front de beauté ;
Car tousiours luit sa belle face :
Mais nostre œil ne peut à trauers
De l'astre au front tousiours diuers

Trauerſer, tant lourde eſt la maſſe.

    Auſſi ſi le doré cerceau
De tes ans retors au fuſeau
De ceſte vieille filandiere,
Ceſſe à briller dans noſtre Nuiſt,
Touſiours pourtant il s'entreſuit
Beau des beautez de ſa lumiere :

    Car, Rouxel, ton Iour ne noircit,
Ta memoire ne s'obſcurcit,
Et ta vertu demeure entiere :
Comme entier le Soleil touſiours,
Qui pour faire plus beaux nos iours,
Touſiours nous ouure ſa paupiere :

    Mais la Nuiſt qui par ton coucher
Vient noſtre oriſon empeſcher,
De ton Orient nous ſepare ;
Et ne pouuons plus regarder
Les rais, que nous ſouloit darder
L'œil de ta doſtrine ſi rare.

    Las, c'eſt pourquoy le chaſte chœur
Des Muſes a perdu le cœur,
Et des Lauriers bleſme eſt la face!
Las, c'eſt pourquoy ore Helicon,
Ayant perdu ſon Apollon,
N'a plus de beauté ni de grace!

    Ni la France qui ſe vantoit,
D'auoir vn Cygne qui chantoit

Son los, comme le Mæonide,
Qui fist bruire sa plume en l'air,
Et mortes les vertus parler
D'Ulisse, & du preux Æacide ;
   Car elle fond ores en pleurs,
Ayant perdu ses belles fleurs,
Et le chantre de sa memoire :
Elle a beau victoire crier,
I'ay veu mourir son beau Laurier,
Et le trompete de sa gloire ;
Pour ne trouuer vn qui sceust bien,
Comme toy, d'vn vers Cinthien
L'honneur de ses combats escrire :
L'acte du vaillant meurt soudain,
Si Clion de sa docte main
Hors du Tombeau ne le retire.

   Adonc regretant la clarté
Que dedens son obscurité
Par ton coucher la Nuict retire,
Rouxel, dessus ton Monument,
Plorant ie graue tristement
Ces vers que l'vniuers souspire.

Ne cherchez plus, belle posterité,
L'astre qui nous espandoit sa clarté :
Il n'est plus Iour, tout se couure d'ombrage.
Car (ô malheur) la Nuict auant le soir,
A sur nos yeux ieté son voile noir,
Pour ne voir plus le soleil de nostre âge.

A S A

A SA SVRDITÉ.

De ton viuant, Rouxel, tu n'oyois point,
Mais ton doux vers te bienheure en ce poinct,
Car si, Rouxel, sourde estoit ton oreille,
Il n'y a sourd en tout cest vniuers,
Qui au doux chant du moindre de tes vers,
Comme en sursaut tout raui ne s'esueille.

Iessé Hermier, de Caen.

NON oculo tantùm, sed erat Ruxellius aure
    Captus, quem capulo nunc libitina capit.
Parca ferox oculum caligine texit apertum,
    Quiq́ parùm viuus, nunc nihil ipse videt.
Audit at ille tamen meliùs post funus, vt aurem
    Illi credatur mors reserasse suam.

D. Euthot, Rothomag.

Eiusdem.

Sunt oculi, atque aures discendis organa rebus,
    Queis sine per mentem nil penetrare potest.
Hic perfecta tamen doctrinæ est munera nactus,
    Qui viuens, oculo captus & aure fuit.

N

EX GRÆCO N. GVLONII
PROFESSORIS REGII.

Membra hîc donorum sunt organa condita diuûm
   Mercurij, Phœbi, legiferæ Themidis,
Nam quis Ruxelio viguit facundior? illi
   Mercurius fandi contulit omne decus.
Phœbus Apollo dedit texendi carminis artem,
   Musarum vnde olim præmia multa tulit.
Prudentemq́ virum docuit longæua piumq́
   Ruxelium leges cunctáque iura Themis.
Ast, crudele! deûm natos quoque Parca prehendit,
   Morte animam rapuit quæ modò Ruxelij.
Nec tamen illa bonis meritum decus abstulit vnquam,
   Ruxelij fulgens gloria summa manet.

                Ludouicus Martellus, Rothomageñ.

ECHO.
Sur le trépas de M. R.

TOY, qui te dis tousiours hôtesse de ces bois,
   Echo, ne fay la sourde, & répons à ma voix:
I'ay presque trauersé, plaignant, tout ce bôcage,
Et n'ay rien entendu qui m'ait rendu plus sage.
Qui vit, comme ie fay, en eternel émoy?   Moy.
Qui se plaint dauantage en ce monde que moy? Moy.
Or, Echo, ie t'entens à ta voix lamentable:
Echo, ton air plaintif est au mien tout semblable! Sêblable.

Echo, comme moy donc tu lamentes tousiours! Tousiours.
Ce n'est ainsi que moy; car tu plains tes amours:
Et voici le suiet qui me fait ores plaindre,
Si tu veux tes soupirs à mes soupirs conioindre.

Mort! Hé! Helas!
Mon cher Rouxel est mort! hé! helas! il est mort! Mort!

Raui!
La Parque l'a raui! bien que ce soit à tort! A tort!

Peut-on pas bien iuger qu'vn si grand personnage,
Qui pour le bien commun employoit tout son âge,
Ne deuoit poït mourir? Mais, mõ Dieu! c'est en vain: Envain
„ *Rien n'est tant que la mort en ce monde certain.* Certain.
Encor Rouxel m'aimoit! I'ay fait bien double perte! Perte.
„ *Toute perte de biens souuent est recouuerte,*
„ *Mais celle des amis se recouure bien peu!* Peu.
Et quoy, i'eusse pensé que ses vers eussent peu
Rendre eternellement ceste Fiere endormie,
Ceste Fiere qui est dès plus grans ennemie:
„ *Mais les vers n'ont pouuoir que d'embellir le nom,* Non.
„ *Que d'enrichir l'esprit, d'accroistre le renom.* Non.
Il ne faut donc ainsi craindre que son nom meure.
Mais c'est peu que le nom pour tout bien luy demeure,

Adieu!
Veu ce qu'il meritoit. Adieu! Or ie m'en vois
Le plaindre plus au loin qu'en ce sauuage bois;
Pour faire voir à tous que par tout ie regrette
La deplorable mort d'vn si parfait Poëte.

Denis Poree, de Caen.

N ij

RUXELIUM fausto pareret cum sidere mater,
    Scinditur incerta seditione polus.
Cum petit Astreæ comitem sibi iungere, Pallas,
    Et petit Aoniæ nectere serta comæ.
Dissensere Deæ, Pater has vt iungeret, istam
    Hunc iuuenem, ast illam iussit habere senem.
Cum Themide at queritur diuisum Musa clientem,
    Sidere & excelso talia verba dedit,
Iuppiter imbellem puerum tibi sumito Phæbum,
    Ruxelium nobis fas sit habere ducem.

                      Gul. Brusseus, Scotus

✤ Epitaphe de M. Rouxel.

CI gist Rouxel, qui nous restoit
    Des Loix la lumiere diuine :
Qui plein d'Eloquence Latine,
Le droit Latin interpretoit :
    Rouxel le Phæbus de ce tamps,
Qu'a raui la Parque odieuse :
O Mort sur nostre age enuieuse
D'oster le soleil de nos ans !
    Mort, tu monstres à ceste fois,
Par vn si douloureux presage,
Que, las ! nous verrons en cest' age
Sans honneur les Vers & les Loix.

               I. Vauquelin, de la Fresnaye.

Du mesme.

O N ne doit s'esbahir comment
ROUXEL est mort auant son age :
Car son solide iugement,
Et sa sourdesse, & son visage,
Fist croire à la mort aisément,
Qu'il estoit vieux estant si sage :
Puis le voyant si brauement
Vser d'vn pur Romain langage,
Elle pensa soudainement,
Que iamais aucun personnage,
Pour viure ici plus longuement,
Ne pourroit faire dauantage.

O Dira mortis horridæ spectacula!
Inane magni conditur Ruxellij
Corpus sepulchro, gloria quondam sua
Qui traxit orbem : virgines nunc flebile
Plorant Camœnæ carmen, & passis comis,
Pectúsque dira sæpe tundentes manu,
Circum sepulchrum mortui viri iacent:
Vt quem secutæ vita dum corpus regit,
Hunc & sequantur vita dum corpus fugit.
O dira mortis horridæ spectacula!

Ioan. Corderius.

❦ Sonet du mesme.

NI le tombeau, qu' Artemise esploree
Bastit au nom de son defunt Seigneur
Roy de Carie, ou l'excellent honneur
Qui de l'Egypte honore la contree :
Ni le beau temple, où Diane adoree
Sentoit iadis la Sabæanne odeur,
Diuin Rouxel, n'egalent le bon heur,
Ni le tresor de ta tombe honoree.
Le cours des ans, & l'iniure des cieux
Ont abatu d'vn courroux furieux
De ces beaux lieux la gloire triomphante,
Mais à iamais le lieu de ton repos,
Couuert de fleurs fleurira de ton los,
Par les beaux Vers que la Muse luy chante.

I. le Cordier.

LA commune courriere à la course empennee
Du Poëte Rouxel la gloire auoit cornee
Si haut par l'vniuers, que iusques en la nuit
De l'Erebe profond en ouïrent le bruit
Des Poëtes Latins les vains & palles ombres :
Si que ialousement depités que ses nombres,
En airs Ausoniens doucement animés,
Estoyent plus que les leurs par le monde estimés,

Et qu'en restoit leur gloire obscurement voilee,
Ils ont tous d'vne voix la mort palle appellee :
La prians d'abbreger la course de ses ans:
Mais se garder sur tout d'ecouter les doux chants
De sa mieleuse voix : veu que, bien qu'imployable ,
Ils la pourroyent ployer, & rendre pitoyable
A espargner sa vie. A leur priere part
La mort tout aussi tost, & ayant de son dard
Armé sa main cruelle, elle monte en la terre :
Où sans l'ouïr parler ce Poëte elle enferre,
Dont le corps au cercueil reste froid estendu,
Extreme és cœurs de tous vn regret espandu,
Et au monde vn renom de son honneste vie,
Et de son grand sçauoir, qui vit malgré l'enuie.

R. & A. le Cheualier.

AONIIS quisquis totum se proluit vndis,
    Vt cecinit Phœbus, morte perire nequit.
Atqui Ruxelius, latices qui gurgite pleno
    Hauserat Aonios, mortuus ecce iacet.
Fallor ego, nec enim stygia iacet ille peremptus
    Morte, at viuus adhuc docta per ora volat.
Vera canit Phœbi Numen, nam morte carebit,
    Qui sese Aoniis exaturauit aquis.

Iul. Hanterius.

Hîc iacet Orator summus, summúsque Poëta,
Qui Cadomum ornauit Carmine, & Eloquio.
Nil Oratorem facundia, nílque Poëtam
Aduersus Parcam Musa iuuare potest.

Feder. Morellus, Parisień.

On dit que la Muse du Poete
Sans Phœbus est tousiours muete,
Comment donques escriuez-vous
Si Rouxel gist ici dessous?

Nicolas Papillon.

On faint les Muses à recoy
Au mont Helicon demeurer,
Mais, Rouxel, ie veus asseurer,
Qu'elles demeurent auec toy.

I. Vauquelin, de la Fresnaye.

Ton bel esprit, Rouxel, & ta vertu louable,
T'ont fait viure ici bas aux hommes admirable:
Les filandrieres Sœurs font voler ton renom,
La mort, comme la vie a bienheuré ton nom.

Iaques de Corduen, de Caen.

Hîc

Hic situs est gemina præstans Ruxellius arte,
Quo mea facundo Neustria Vate tumet.
Cuius fama viget Normanis didita terris,
Sed mox Neptuni litus vtrumque petet.
Seu caneret versus, seu libera verba tonaret,
Non fuit Andino, vel Cicerone minor.
Inflexit mentes tereti sermone stupentes,
Et querulo sacros fudit ab ore modos.
Quid referam mores, quos non vrbana libido
Polluit, in media vixerit vrbe licet?
Quàm fuerit gratus cunctis, quàm charus amicis,
Quàm tulerit Patriæ commoda multa suæ?
Huic si crudeles produxent stamina Parcæ,
Neustria floreret Palladis arte, ferax.
Æmula Parisiis Academia nostra, sororum
Aonidum lætos cerneret vrbe choros.
Ast vbi Letheas hausit Ruxellius vndas,
Vidit & inferni pallida regna Iouis.
Urbs funesta gemit casu perculsa recenti,
Quamq; potest magno funus honore parat.
Atrati Proceres, & pulla veste Senatus,
Et longo incedens ordine turba gemit.
Circunstant tumulum, mussantq; nouissima verba,
Et defleta suis sedibus ossa locant.
Non ego, Ruxelli, summotus corpore, Manes
Lustrali poteram rore piare tuos.
Non poteram infelix! mæsta procul Urbe remotus,

Exequias præsens concelebrare tuas.
Sed neque lugubres contuso pectore fletus,
 Nec Manes lachrymis ora rigata iuuant.
Accipe postremi feralia carmina lessus,
 Hæc Phœbi miles funeris arma cupis.

     D. Euthot.

ERGO, *Ruxelli, te mors inimica peremit!*
  Nec tibi adhuc fuerant lustra peracta decem!
Spicula nec potuit tua Musa repellere mortis,
 Musa licet diues carmine, & eloquio!
Fallor ego, potuit tua Musa repellere mortem;
 Fallor ego, vitam mors tibi amica dedit.
Nam retegis moriens, quæ te viuente latebant,
 Ingenij viuunt quæ monimenta tui.
Sic te Musa beat, sic te mors vindicat Orco,
 Et tibi defuncto te superesse facit.
Sit tibi terra leuis, iaceant tua molliter ossa,
 Et surgant tumulo serta, roseáq́ tuo.

     Petrus de la Roque, Cadomensis.

IMmatura *meæ vario cur carmine fata*
 Ætatis constantis adhuc lugetis Amici?
  Non fuerint matura, satis tamen ipse Camœnis,
  Nunc etiam quæ me tollunt ad sidera, vixi.

     Iac. Heroult, Cadomeñ.

Du mesme.

Arrestez ces torrens qui coulent de vos yeux,
Amis, ne plorez plus ma mort heureuse & belle,
Puis que mon Nom en terre, & mon Esprit aux cieux
Reuiuent par la mort d'vne vie immortelle.

OBscurus latuit quondam, voluitq́ latere
Dum placidæ hauriret vitæ Ruxellius auras,
Ambitione carens, veri sed honoris amator:
At nunc elapsus cùm vitæ vincula rupit,
Laude sui totum replet bene cognitus orbem:
Sic latet ignotus Moschus, qui vase tenetur
Firmiter occluso; sed si vas fregeris, ille
Protinus exiliens cæco de carcere, sese
Prodit, & ambrosios latè diffundit odores.

Franciscus Moysantius, Cadomeñ.

SI posset vlla nos tueri integritas,
Animíque candor verus, & viuax fides
Contra ruentis impetus acerrimos
Necessitatis, viueret Ruxellius
Eheu! nec isto conderetur marmore
Sed fata nullo flectier queunt modo.
Abi Viator ac Deum supplex roga.

I. Corderius.

O ij

Lorer Rouxel, qui par la mort
Fuit du corps son rude seruage,
C'est plorer le soleil qui sort
Tout lumineux hors d'vn nuage.

Nicolas Papillon.

STANCES.

Sur le deul funebre de M. Rouxel.

POVRES Gens éplorez, qui de trop de douleurs
Mettés voz sens en trouble, & voz yeux en tenebres;
Auant que prodiguer ces plaintes & ces pleurs,
Voyés pour qui se font tant de choses funebres.

Vous plorés pour ROVXEL ce que moins il étoit:
Car ce n'est pas ROVXEL que cela qu'on enterre;
Ains l'habit seulement dont ROVXEL se vétoit
Pendant que, comme Humain, il marchoit sur la Terre.

Non; ce diuin ROVXEL, à vous donné des Cieux,
N'étoit point cette Chair que le Tombeau deuore:
Retourné d'où il vint; là-haut entre les Dieux
Il se rid de la Mort, & de ce qu'on le plore.

Hé qu'y pourroit la mort? Croyés que telz Espris
Qui vous chantent des Vers ne sont iamais en biaire:
Et n'ont rien de mortel que le corps qu'ils ont pris
Pour n'éblouïr voz yeux de leur trop de lumiere.

Enuoyez ici bas, ils vous font des leçons.
Et bien qu'apres vn temps chacun d'eux s'en reuole:

Si les reuoyés-vous, en leurs saintes Chansons,
Immortelz entre vous pour y tenir Escole.

    Ainsi vous est ROUXEL en ce bas Vniuers,
Mais ne le cherchés plus sous vne Chair mortelle :
Voyés-le dans son Liure ; où (ame de ses Vers)
Il a pour vôtre bien vne vie immortelle.

    Ainsi, bien que ploré, le Poëte Gregeois
Vit encore immortel ; & le Romain Virgile :
Et tout ainsi Ronsard ; bien que l'œil des François
Encore pour sa mort en larmes se distille.

Pierre Gondouin.

Passant, Rouxel n'est pas ici,
    Où lon dit qu'il repose ;
La terre n'est pas digne aussi,
    D'auoir si rare chose.
Il est ores dedans les cieux,
    Repos des esprits bienheureux.

P. de la Rocque.

D'VN beau palais les lambris azurez,
    Les escaliers, les colomnes Doriques,
Des chapiteaux les fleurons magnifiques,
Sont à bon droit d'vn chacun admirez.
Mais quand les Dieux contre luy coniurez,
    Ont foudroyé ses richesses antiques,
    Encore vn coup on bastit les reliques

De tant de murs pesle-mesle atterrez,
Le temple saint des vertus immortelles,
Et de Phœbus, & des doctes pucelles,
Se void ainsi par la mort abbatu.
Mais ce Tombeau qu'on fait de ses ruines,
Tesmoignera ses richesses diuines,
Contre les ans demeurant inuaincu.

I. le Cordier.

A M. IAQVES DE CAHAIGNES
sur le Tombeau par luy dressé à
M. Rouxel.

CE superbe Tombeau, dont si rare est l'ouurage,
Qu'il ne se trouue rien au monde de plus beau,
N'est basti de la main d'vn apprenti nouueau,
Le Maistre qui l'a fait, n'a point faute d'vsage :
L'ouurier industrieux, preuoyant que l'orage
Pouuoit mesme abaisser le sourcilleux coupeau
Du marbre le plus dur, façonna ce Tombeau
Despitant d'Aquilon la fureur & la rage.
Tu es, docte Apollon, ingenieux Ouurier,
Aidé des compagnons de ton docte mestier,
Autheur de ce Tombeau qui te fera reuiure :
Car tu as si bien fait, & ton ouurage est tel,
Que tu remporteras vn honneur immortel,
Faisant viure Rouxel, qui mesme te fait viure.

I. le Clerc, de Caen.

ROVXEL, Caen t'a basti fidelle
Un beau Tombeau: sçais-tu pourquoy?
Afin que tu viues par elle,
Et qu'elle viue aussi par toy.

I. Vauquelin, de la Fresnaye.

CAEN, par ROVXEL, peut assez viure.
Mais, par Caen, ne viura ROVXEL:
Car luy, par la Muse immortel,
Doit mesme à tout Tombeau suruiure.

Tumulo fit Musa superstes.

Pierre Gondouin.

VOS quibus aurato Diademate cincta refulgent
Tempora, qui geritis regia Sceptra manu,
Uita defunctos operoso marmore structa
Moles, quam Reges promeruere, tegat.
Ruxelius, Lauro qui paupere tempora cinxit,
Doctrina diues, diues & ingenio;
Defunctus referat pro marmore nobile Carmen,
Doctrina celebres quòd meruère Uiri.
Ingenitos tandem marmor deponit honores,
Nobile mansuro Carmen honore viret.

Iac. Cahagnesius.

❧ A l'enuieux de M. Rouxel.

Ais-tu bien qu'il y a, Pedante babillard,
Tu pourras bien ietter ton enuieux regard
Vers ce Tombeau sacré à l'heureuse memoire
De Rouxel le mignon des filles de Memoire :
Il t'est, il t'est permis de regarder ces vers,
Sus lesquels son renom vole par l'vniuers:
Et s'il te semble bon, soule-toy de l'enuie :
Mais si tu te cheris le repos & la vie,
Retien le noir venim qui enrouille ton cœur,
Et que tes sots mesdits ne touchent son honneur.
Autrement tout soudain l'escadron des auettes
Qui verse le miël dans la bouche des Poetes,
Sortant de ce Tombeau, d'vn poignant esguillon
Vengera du defunt la memoire & le nom:
Et peut estre fera ta desfortune egale
Au miserable sort du malheureux Bupale.

Liuor post fata quiescat.

F I N.

ΗΈλιος μεγ̇βεν Ρ̇υβν̇λιος ἐπ̇ι ἀ̇δε καντη
μιδ̇σ γ̇ασν̇ά̇ξεν̇ ἡ ἔπ̇ος ἡ̇ ἐκ̇ότ̇εον
ἡ̇ ἔπ̇αι ἐς̇ ῥ̇άξ̇αν.

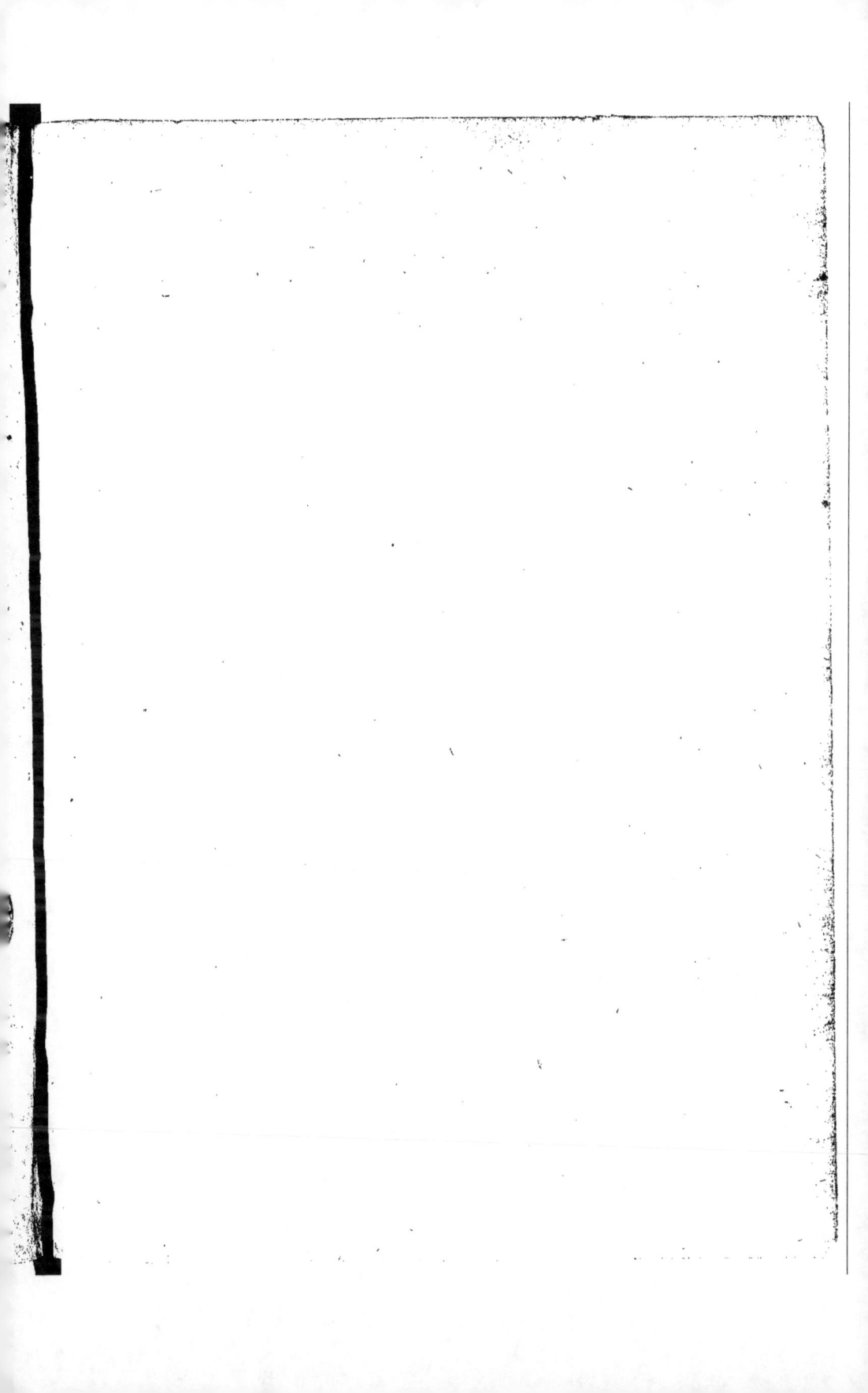

www.ingramcontent.com/pod-product-compliance
Lightning Source LLC
LaVergne TN
LVHW021659080426
835510LV00011B/1488